W0231429

ISBN 978-3-89798-282-6

© BuchVerlag für die Frau GmbH, Leipzig 2009

Fotos: Archiv Komet Gerolf Pöhle & Co. GmbH
Gestaltung: Catharina Ende, Leipzig
Druck: Klingenberg Buchkunst Leipzig
Bindearbeiten: Müller Buchbinderei GmbH Leipzig

Printed in Germany

www.buchverlag-fuer-die-frau.de
www.kometpoehle.de

Süße Verführung

komet Geschichte(n)

erzählt von
Gerolf Pöhle

aufgeschrieben von
Jana Männig

BuchVerlag
für die Frau

Kuner®
Eis- & Creme-Dessert
Schokolade
für 1/4 Liter kalte Vollmilch
Serviervorschlag

Friede, Freude, Eierkuchen...

Volksmund

Inhalt

Süße Verführung – Komet-Geschichten

Kometenhaft ist eigentlich nicht viel an der Geschichte der Firma Komet Gerolf Pöhle & Co. GmbH. Da ist wenig mit plötzlichem Aufstieg, mit hellem Strahlen, aber auch nichts mit jähem Absturz und Verlöschen. Komet heißt im sächsischen Großpostwitz schon seit 1924: Arbeiten, Schaffen, Neues wagen, sich selbst nicht schonen und sich vor allem nicht unterkriegen lassen.

„Wir waren doch völlig unbedarft", hört man immer wieder von Gerolf Pöhle, dem Seniorchef des Unternehmens. Wie es das Familienunternehmen dennoch schaffte, einer der bedeutendsten Eispulverproduzenten der DDR und Alleinhersteller von Eispulver zur Selbstbereitung von Speiseeis im Haushalt zu werden und wie es dem Unternehmen gelang, heute beim Eierkuchenmehl die Marktführerschaft erreicht zu haben, soll hier erzählt werden.

Speiseeispulver ab 1965-1990

Im Hinterhof fing alles an

In Großpostwitz in der Nähe von Bautzen hat alles angefangen. Hier produzierte Bäckermeister Albert Umlauf – der Urgroßvater des heutigen Geschäftsführers Gunter Pöhle – seine Nudeln. Als wandernder Bäckergeselle war er aus Oberschlesien in die Lausitz gekommen und blieb. Er gründete eine Familie und begann 1924 neben der Bäckerei mit der Herstellung von Makkaroni und anderen Nudelsorten. Eine helle Lichterscheinung am Himmel über Sachsen brachte Tochter Olga auf die namengebende Idee. Ein Komet

musste einfach ein gutes Zeichen für die väterliche Firma sein. Wie Recht sie hatte!
Das Geschäft lief gut, die Räumlichkeiten wurden bald zu eng, und ein neues Wohnhaus mit angebautem Fabrikgebäude entstand schon 1933. Gemeinsame Ausflüge mit den Angestellten, wie 1936 ins Lausitzer Gebirge und auf den Berg Oybin, stärkten das Zusammengehörigkeitsgefühl, und über die Erlebnisse sprachen die Frauen und Männer der Belegschaft zwischen Nudelpresse und Trockenwagen noch lange.
Im September 1938 übernahm Georg Pöhle die Eierteigwaren- und Makkaroni-Fabrik des Schwiegervaters. Seit ihrer Gründung hatte er der

Albert Umlauf, der Gründer der Firma

Fabrik bereits als Geschäftsführer vorgestanden. Mit Hilfe seiner engagierten und technikbegeisterten Frau Olga gelang es ihm, die Produktion innerhalb weniger Jahre bedeutend zu steigern, so dass Erweiterungsbauten am Gebäude erforderlich wurden. Auch und besonders in den Kriegszeiten lief die Nudelherstellung auf Hochtouren, und selbst die Kinder mussten regelmäßig mithelfen. Gerolf Pöhle und seine ältere Schwester Lore falteten samstags und sonntags ab sieben Uhr Kartons und stapelten die leeren Kassetten, auf denen die Makkaroni über Nacht getrocknet waren, wieder in die Trockenwagen. Als die Kinder älter waren, wurden die

Aufgaben noch anspruchsvoller und die Dienste länger. Wenn er auch manchmal am Wochenende bei den Großeltern im Niederdorf übernachten durfte, so musste Gerolf Pöhle doch sonntagmorgens um acht Uhr wieder zurück sein. Die Arbeit konnte nicht aufgeschoben werden.

Eierteigwaren 1924-1939

Bereits kurz nach Ende des Zweiten Weltkrieges stellte die Firma Pöhle vier Sack Mehl für die Bevölkerung von Großpostwitz zur Verfügung und fertigte daraus Teigwaren. Ungeachtet eventuell daraus entstehender Nachteile linderte Komet so kurzfristig die bestehenden Versorgungsschwierigkeiten. Ohne die Genehmigung der sowjetischen Militärbehörde einzuholen, reagierte man prompt auf den Wunsch des Bürgermeisters.
Bereits wenige Wochen danach nahm man auf Befehl der Sowjetischen Militäradministration die kurzzeitig ausgesetzte Produktion der überlebenswichtigen Nahrungsmittel wieder auf. In der Nähe be-

Georg Pöhle
von 1938–1958 Firmenchef

findliche Mühlen hatten die entsprechenden Mehlmengen bereitzustellen.
Einen vorteilhaften Nebeneffekt brachte die Produktion auch mit sich: Trotz Stromsperren ging in Großpostwitz das Licht nicht aus. Wenn die Nudeln nicht bei 42° C und einer Luftfeuchtigkeit von 80-90 Prozent trocknen konnten, wurden sie sauer. Das konnte man in den Hungerjahren nach dem Krieg nicht riskieren. Und während bei Stromsperren ringsum das Land in Dunkelheit versank, leuchteten Großpostwitz und Komet. So muss es auch den heimkehrenden Kriegsgefangenen vorgekommen sein, die von Olga Pöhle im Gartenhaus der

Familie aufgenommen und für die Weiterreise „aufgepäppelt" wurden. An manchen Tagen versorgte sie, selbstverständlich kostenlos, bis zu 70 Flüchtlinge, ehemalige KZ-Häftlinge und Heimkehrer. Töpfeweise brachte die damalige Chefin Nudeln ins Bautzener Krankenhaus und trug für Flüchtlinge Möbel und Hausrat zusammen.

Warenmuster 1950

In einem Brief des Gemeinderates vom 21. April 1947 an die Firma Georg Pöhle heißt es: „Soeben kommt die Kindergartenleiterin und erklärt, dass der Kindergarten nichts mehr zu essen hat. Wenn möglich, bitten wir dem Kindergarten etwas Nudeln zuteilen zu wollen." Es verstand sich von selbst, dass die Kinder ihre Nudeln bekamen.

Die zündende Idee

Nach dem Krieg war der Betrieb noch vollständig in privater Hand der Pöhles, die später gemeinsam mit ihren Kindern eine Kommanditgesellschaft gründeten. Die Nudeln bestanden in den ersten Jahren aus dunklem Weizenmehl, das z. T. mit Roggenmehl gemischt wurde. Proben der ersten braunen Nudeln von 1945 sind bei Pöhles noch heute hinter Glas zu sehen.

Die Hochzeit der Nudelproduktion in der Lausitz ging jedoch in den fünfziger Jahren ihrem Ende zu. Der durch den Volksaufstand vom 17. Juni 1953

Olga Pöhle (geborene Umlauf) –
die Erfinderin des Firmen-Namens

erzwungene „Neue Kurs" brachte es mit sich, dass nun vermehrt Hülsenfrüchte und auch Reis ins Land kamen. Wer konnte es den Menschen verdenken, dass sie sich darauf stürzten und Nudeln links liegen ließen. Jahrelang hatten sie Nudeln und Trockengemüse gegessen. Den meisten „hing das nun zum Halse heraus".

Der Pro-Kopf-Reisverbrauch zum Beispiel stieg zwischen 1955 und 1960 von 1,3 auf 2,4 Kilogramm jährlich an, pegelte sich aber in den folgenden Jahren bei knapp 2 Kilogramm ein. Etliche Betriebe mussten deshalb die Teigwarenproduktion einstellen und machten dicht. Für den Familienbetrieb kam das über-

HO-Bandnudeln 1950

Oldies - Rezepte aus den 60ern

Diese Rezepte können nicht mehr nachgekocht werden, da es manche Produkte nicht mehr gibt.

Eis „Nocturne"

1 geriebene bittere Mandel
1 EL gehackte süße Mandeln
¼ l Milch, 1 EL Butter
1 Ei, 1 Packung Schokoladen-Speiseeispulver
Eierlikör oder Vanillesoße

Bittere und süße Mandeln in der Milch kurz aufkochen. Vom Feuer nehmen und die Butter einrühren. Nach dem Abkühlen mit Ei und Eispulver verschlagen. Gefrieren lassen und währenddessen mehrmals umrühren. Mit Eierlikör oder gut gekühlter Vanillesoße anrichten.

Sowjetische Nudelpresse aus den 60er Jahren

haupt nicht in Frage. Doch auch hier gingen die Produktionsmengen dramatisch zurück. Für neue Technik war kein Geld da. Die Mischmaschinen für Mehl und Volleipulver eigneten sich allerdings auch für andere Mischprodukte, soviel stand fest. Doch fehlte die zündende Idee.

Nudelpresse 1924

Und dann kam eines glücklichen Tages im Westpäckchen von Tante Else ein Tütchen Eispulver nach Großpostwitz. „Das wäre doch was", dachten sich Gerolf Pöhle und seine Frau Regina.

Das Pulver schmeckte nicht übel. Auch angerührt mit Milch war es schon ein leckeres Mixgetränk und als Eis mundete es natürlich erst recht. Und weil Eis viel mehr zu den Leidenschaften Gerolf Pöhles zählt, als es Nudeln je gewesen waren, reifte die Idee, es mit der Eispulver-Produktion zu versuchen. Doch wie sagt Pöhle in seiner sympathischen Geradlinigkeit: „Wir hatten doch keene Ahnung". Trotzdem, oder gerade deswegen, versuchten sie es.

„Hier habt ihr Eis aus dem Kühlschrank …!“

Die Lage der Firma war am Ende der fünfziger Jahre nicht nur wegen des rückläufigen Nudelverbrauchs schwierig. Georg Pöhle, der den Betrieb 1938 von seinem Schwiegervater übernommen hatte, starb 1958, und die staatlichen Wirtschaftsorgane verweigerten seinem Sohn Gerolf eine Gewerbegenehmigung. Nur unter der Bedingung, dass Gerolf Pöhle einer staatlichen Beteiligung an Komet zustimmt, sollte die Genehmigung bewilligt werden. Allerdings ließ das Interesse staatlicherseits in dem Maße nach, in dem die Teigwarenproduktion zurückging. „Wir waren am Abkratzen", so Gerolf Pöhle. Der Rat des Kreises beauftragte die Firma Komet 1959, eine zweite Produktion aufzunehmen, und zwar möglichst einen Artikel, den es in der DDR bisher noch nicht gab.

Das Eispulver sollte die Rettung sein. Doch wie stellte man es her? Die Angaben auf der Packung aus dem Westpaket halfen wenig weiter. Bindemittel, Stabilisatoren – was hatte man sich darunter vorzustellen –, und wenn man es wusste, wo bekam man das her? Im Bautzner Hygiene-Institut sah man sich zwar in der

Lage, einige Unklarheiten bezüglich der Zutaten auszuräumen, doch die ersten Versuche mit Kartoffelstärke als Bindemittel schlugen kläglich fehl. Mit Obstpektin aus dem Pektinwerk Gotha sollte die gewünschte Konsistenz erreicht werden können.

Betriebsgebäude 1933

Regina und Gerolf Pöhle setzten sich ins Auto und holten sich Proben ab. Und während er unten im Betrieb die Nudelproduktion am Laufen hielt, experimentierte sie oben in der heimischen Küche mit Aromen, Eipulver, Sahne, Zucker und Pektin. Wieder und wieder wurden die Mengen verändert, die Reihenfolge der Zugabe abgewandelt und gerührt und gekühlt und gerührt und gekühlt, bis am Ende der Kühlschrank den Geist aufgab. Ein neuer musste her, und zwar schnell, denn die Eispulverentwicklung stand kurz vor dem Durchbruch. Und dann war es soweit. Stolz servierte Regina Pöhle ihrem Mann das erste selbst gemachte Eis aus dem Gefrierfach ihres

Kühlschranks. Mit einer Schüssel Eis machte sich Gerolf Pöhle am nächsten Tag auf zum Rat des Kreises und präsentierte dort die Kreation seiner Frau mit den Worten: „Hier habt ihr Eis aus dem Kühlschrank, das könnt ihr selber machen!"

In den Amtsstuben war man ebenso begeistert wie im benachbarten Café, wo man das mitgebrachte Eispulver in der Eismaschine mit Erfolg testete. Im Handumdrehen war das Eis fertig. Die Eisherstellerin sah Gerolf Pöhle erstaunt an und sagte: „Wissen Sie, dass Sie das große Los gezogen haben? Zeitraubende Zutatenmischungen, wie das Aufschlagen der Eier, können wir uns jetzt sparen." Zwar schmeckten die Sorten Schoko und Vanille störend nach Obstpektin, doch schien einer Produktionsgenehmigung nichts mehr im Wege zu stehen. Doch plötzlich erklärte das Hygiene-Institut, dass die eingereichten Rezepturen nicht dem Speiseeisgesetz der DDR entsprächen. Dies sorgte noch einmal für Trubel. Ein solches Gesetz war bis dahin nicht bekannt gewesen, und die Rezepturen mussten nun noch gesetzeskonform erstellt werden. Im Sommer 1959 erhielt der Betrieb endlich von den verschiedenen staatlichen Behörden die Produktionsgenehmigung.

Der Obstpektin-Beigeschmack veranlasste Pöhles, nach einer neutralen Alternative zu suchen. Schließlich

Die erste Eispulver-Verpackung, 1960

erfuhren sie, dass eine aufgeschlossene Kartoffelstärke ein Bindemittel ergab, und sie mochten es kaum glauben, dass sich das größte Stärkeveredelungswerk der DDR fast vor der Haustür befand, nämlich in Medingen bei Dresden. Der Pektin-Beigeschmack war Geschichte und nun stand der Eispulverherstellung bei Komet nichts mehr im Wege. Das Amylopektin, so hieß das Produkt, brachte eine hervorragende, sahnige und damals als „speckig" bezeichnete Eisqualität, vor allem für das in einer Eismaschine hergestellte Streicheis.

Der Bedarf an Komet-Eis für Gastronomie und Eisdielen stieg sprunghaft an. Nun schien sich auch für

den Staat eine Beteiligung wieder zu lohnen. Pöhles stimmten einer Beteiligung von 21 Prozent zu und bereuten es nicht. Für die damaligen Verhältnisse erlebten sie und die Firma doch von 1960 an die beste Zeit im Sozialismus. Gerolf Pöhle hatte das Sagen im Betrieb, er konnte investieren, bekam seine Rohstoffe laut Plan, und der Absatz erfolgte ebenfalls nach Plan. Der Betrieb stand auf sicheren Füßen und die Ungewissheit der vergangenen Jahre war vorbei. Dank Tante Elses Westpäckchen und ihrer eigenen Entschlossenheit und Findigkeit war es der Familie gelungen, die Firma weiterzubringen.
Sogar Werbemaßnahmen, wie zum

Beispiel Werbespots in den „Tausend-Tele-Tips", waren möglich, auch wenn dies damals eine teure Angelegenheit war. Der Betrieb erwirtschaftete einen sehr guten Gewinn, man konnte es sich leisten. Zwar war damit auch der staatliche Gewinn-Anteil belastet, aber es ging ja ohnehin alles in einen „großen Topf" und wurde „umverteilt".
Einen positiven Effekt aus diesen umfangreichen Werbemaßnahmen spürt das Unternehmen heute noch: Der Bekanntheitsgrad der Marke Komet ist nach wie vor hoch, vor allem in Ostdeutschland. Heute könnte sich das Unternehmen derartige Werbemaßnahmen nicht leisten.

Maraschinobecher

¼ l Milch
1 EL Butter
1 EL Zucker
1 Prise Salz, 1 Ei
1 Packung Vanille-Speiseeispulver
1 Dose Maraschinofrüchte oder
Früchte aus dem Rumtopf

Milch mit Zucker, Salz und Butter erhitzen, bis die Fettigkeit zerlaufen ist. Nach dem Abkühlen Ei und Eispulver unterrühren und dann in die Gefrierschale füllen. Während des Gefrierens mehrmals umrühren. Kleine Becher mit Früchten füllen, Vanilleeis darauf geben und ein wenig alkoholische Flüssigkeit darüber träufeln. Sie können den Maraschinobecher auch mit Schlagsahne oder Schlagcreme anrichten.

Mit Komet-Nudeln nach Feuerland

Selbstverständlich musste auch die Nudelproduktion weitergehen. Die Packungen in den traditionellen Farben blau und gelb und mit dem Komet-Stern waren aus keinem Lebensmittelgeschäft und keinem Haushalt wegzudenken. 395 Gramm beste Eier-Spaghetti waren für 1,10 Mark zu haben. 415 Gramm Fadennudeln für die Hühnersuppe kosteten 0,85 Mark.

Doch wer glaubt, dass Komet-Eierteigwaren nur zwischen Ostseeküste und Erzgebirge schmeckten, der irrt. 1961 gingen einige Päckchen mit auf die Anden-Feuerland-Expedition der Alpinen Arbeitsgemeinschaft der DDR. Trotz einfacher Verpackung, wechselnder Jahreszeiten und extremer Witterungen schmeckten die Teigwaren aus der Lausitz in den Bergen Chiles genauso gut, wie nach einem dreiviertel Jahr bei einem Aufenthalt im tropischen Kuba. Auch die einheimischen Gefährten der Expeditionsteilnehmer überzeugten sich davon gern.

Eierteigwaren 1960

Nach der Wende sind Komet-Produkte bei Alpinisten noch immer beliebt. So unterstützte das Unternehmen den Alpin-Club Sachsen e.V. bereits mehrmals, sowohl mit Sachwerten als auch finanziell, bei ihren Expeditionen in das Himalaya-Gebiet.

Leicht war die Nudelproduktion nicht. Das Produkt selbst reagiert ausgesprochen sensibel auf Veränderungen von Temperatur und Luftfeuchtigkeit. Und als im Laufe der Jahre die Platzverhältnisse infolge der sprunghaft steigenden Eispulverproduktion kaum noch ausreichten, reifte in Gerolf Pöhle der Gedanke, die Produktion der Eierteigwaren aufzugeben.

Zum 1. Januar 1980 erhielt Komet endlich vom Wirtschaftsrat des Bezirkes Dresden die Erlaubnis zur „Einstellung der Produktion von Teigwaren".

Das ist nun beinahe 30 Jahre her, und doch passiert es immer noch, dass Gerolf Pöhle von Nudeln träumt. Keine schönen Träume, sondern Träume von brüchigen Makkaroni, zusammenklebenden Nudeln, von zu großer Hitze in den Trockenräumen und Kartons, die sich nicht zusammenfalten lassen. Drei Kreuze hat er gemacht, als es mit den Teigwaren endlich vorbei war. Die Zukunft schmeckte nach Eispulver und Tortenguss.

Mixgetränke vom Fernsehkoch Kurt Drummer

Diese Rezepte können nicht mehr nachgekocht werden, da es manche Produkte nicht mehr gibt.

Camping-Drink

1 Päckchen Komet Eispulver Vanillegeschmack
½ l Milch
½ l Sauerkirschsaft oder -most
1 Schoppen Promontor hell (ungarischer Dessertwein)

Alle Zutaten vermischen und gut gekühlt servieren.

Cocktail Kuba-Mädchen

1 Päckchen Komet Eispulver
Vanillegeschmack
¾ l Milch
1 Dose Mangosaft
4 EL Zitronensaft
4 cl Whisky

Alle Zutaten mit Eiswürfeln gut vermixen und mit Strohhalm servieren.

Sao-Paulo-Melodie

1 Päckchen Komet Eispulver
Vanillegeschmack
½ l Milch
½ l starker Kaffee-Aufguss (Mokka)
2 cl Curaçao
2 cl Weinbrand oder Rum

Alle Zutaten möglichst mit Eiswürfeln vermixen und in Gläsern oder Bechern mit Strohhalmen servieren.

„Kaufen Sie Komet-Eispulver ... !“

Die ersten Beutel ihres selbst erfundenen Eispulvers boten Pöhles 1959 der Großhandelsgesellschaft Berlin an, welche für einen Testverkauf 30 Tonnen bestellte, zu liefern innerhalb von zwei Wochen. Das war eine enorme Menge, die auf die Schnelle gar nicht gefertigt werden konnte.
Das Mischen des Pulvers erfolgte mittels einer Teigrühr- und Schlagmaschine aus der ehemaligen Bäckerei von Albert Umlauf. Das Abpacken in 75-Gramm-Beutel geschah mit kleinen Schaufeln, wiegen und zukleben musste man die Beutel von

Eispulver Vanillegeschmack, Verpackung ab 1965

Hand. Jetzt wurde jede Arbeitskraft gebraucht, und dank einer riesigen Kraftanstrengung aller Beteiligten, die zum Teil Tag und Nacht im Einsatz waren, wobei sich auch die Schwiegereltern Gerolf Pöhles nicht schonten, konnte der Großhandel zumindest 15 Tonnen in Form von 200.000 Beuteln erhalten.

Der Absatz des Eispulvers stockte jedoch, denn aus dem Pulver allein bekam man noch kein schmackhaftes Eis. Man brauchte außerdem Sahne und einen Kühlschrank. Allerdings verfügte nur ein Bruchteil der Haushalte in der DDR seinerzeit über einen Kühlschrank, und auch Sahne bekam man schwer. Um die Nachfrage anzukurbeln, waren zwei Dinge

notwendig. Erstens musste das Eispulver auch ohne Kühlschrank und Sahne zu verwenden sein, und zweitens mussten die Kunden an das Produkt herangeführt werden.

„Wie ein Wanderzirkus" zogen die Pöhles in den folgenden Monaten durch die großen HO-Kaufhäuser der Republik und präsentierten das Eispulver als kaltes und heißes Milch-Mix-Getränk. Der Handelsvertreter Karl-Heinz Hartung warb lautstark vor dem Stand: "Kaufen Sie Komet-Eispulver, der neueste Sputnik am Himmel unserer jungen Republik!", seine Frau wusch das Geschirr ab, Regina und Gerolf Pöhle verkauften und kassierten. Fernsehlieblinge waren bei der Verkostung

Stammgäste, so Erika Radtke und Gustl Müller. Aber auch Leute aus Westberlin kosteten und kauften. Nach den Veranstaltungen in Berlin fuhren die vier jungen Leute in den Westteil der Stadt und gingen ins Kino. Drei Vorstellungen schafften sie, bevor sie kurz vor Mitternacht wieder im Osten eintrafen. Dort bekam man allerdings um diese Zeit nichts mehr zu essen, und Karl-Heinz Hartung beschwerte sich lauthals, jedoch vergebens, und sie mussten mit knurrendem Magen ins Quartier zurück.

In Sachsen lief inzwischen die Eispulverproduktion immer besser. Zur Verkaufsunterstützung trugen auch die von Fernsehkoch Kurt Drummer

gestalteten Rezepthefte für Milch-Mix-Getränke bei. Die Haushaltspackungen waren auf dem Markt eingeführt, Verkostungen waren nicht mehr notwendig und somit entfielen leider auch die Kinoausflüge.
Zwar erfolgte das Abfüllen der Haushaltspackungen mittlerweile über Automaten, diese hatten jedoch zum Teil mehr als 30 Jahre „auf dem Buckel", so dass Havarien, Ärger und Reklamationen vorprogrammiert waren. Deshalb konzentrierte man sich bei Komet immer mehr auf die Fabrikation für Großverbraucher. Das Verpacken in 8-Kilogramm-Tüten erfolgte allerdings manuell, was zeitaufwändig und staubintensiv war.

Doch auch hier gelang Gerolf Pöhle der große Wurf. Dank seiner guten Verbindungen zum damaligen Verpackungsmaschinenwerk VEB Schokopack Dresden konnte er den Prototypen eines Verpackungsautomaten kaufen. Nutzen zogen daraus auch die Konstrukteure, sammelten sie doch im Praxistest bei Komet wichtige Erfahrungen für die Serienfertigung ihrer Maschine.
Auch auf Pöhles warteten mit dem Erwerb der Anlage neue Herausforderungen. Eine leistungsfähige Mischtechnik musste her. In Eigenleistung meisterten sie auch diese anspruchsvolle Aufgabe. In Wochenendschichten bauten zwei befreundete Ingenieure und eine Feierabend-

brigade einen gebrauchten Mischer und einen Vorratsbehälter ein und erledigten die notwendigen Decken-Durchbrüche. Tonnenweise ging nun das Eispulver per Eisenbahnwaggon in die gesamte Republik. Es dauerte nicht lange, und Komet hatte einen zweiten Automaten.

Rezeptheft 1970

Milch-Mix-Getränke,

anlässlich des V. Pioniertreffens in Karl-Marx-Stadt 1964 zusammengestellt von Fernsehkoch Kurt Drummer

Sandmännchen-Flip
(Komet-Vanillemilch-Eis mit Waldmeister und Himbeergelee)

Shake à la Schnatterinchen
(Komet-Vanillemilch mit Sauerkirschen und Glücksklee)

Pitti-Platsch-Schokoladendrink
(Komet-Kakaomilch mit Schokoladeneis und Knusperflocken)

Flax und Krümel
(Komet-Kakaomilch mit Schokoladeneis, Knusperflocken und Rosinen)

Cocktail „Meister Briefmarke"
(Komet-Kakaomilch mit Vanilleeis und Pralinen)

„Euer Betrieb ist ausgebrannt!"

Gerade ein halbes Jahr war der Sohn von Regina und Gerolf Pöhle alt und seine Schwester war neun, als es in der Nacht vom 19. auf den 20. Dezember 1963 bei Komet zum Brand kam. Die Eltern waren nicht zu Hause. Sie waren nach Berlin gereist, um Verhandlungen mit dem staatlichen Großhandelskontor zu führen. Es gehört nicht viel Fantasie dazu, sich vorzustellen, was in ihnen vorging, als ihnen am Morgen der Pförtner des Handelskontors eröffnete: „Euer Betrieb ist ausgebrannt, ihr sollt sofort nach Hause kommen."

Bei ihrer Rückkehr ins heimatliche Großpostwitz am Nachmittag des 20. Dezembers war der Brand noch immer nicht vollständig gelöscht, überall schwelten noch Verpackungsmaterial und Rohstoffe. Doch den Kindern war nichts geschehen. Als die Eltern von Regina Pöhle, die ebenfalls im Haus wohnten, das Feuer gegen zwei Uhr nachts bemerkten, alarmierten sie die Feuerwehr. Schwiegereltern, Betriebsangehörige sowie Freunde halfen über Weihnachten und den Jahreswechsel beim Schutträumen und setzten den Betrieb soweit wieder in Stand, dass am 6. Januar des neuen Jahres die Eispulverproduktion im Kellergeschoss wieder auf-

DDR-Eispulver-Dose 1970-90

genommen werden konnte. Besonders weihnachtlich ging es in diesen Tagen jedoch nicht zu. Regina Pöhle kochte täglich für 22 Helfer, die sich kaum die Feiertage über Zeit für ihre Familien nehmen konnten, um den Betrieb wieder in Gang zu bekommen. Tochter Ulrike kümmerte sich um ihr Brüderchen.

Ans Aufgeben dachte keiner auch nur einen Moment. Im Gegenteil! Das Unglück musste als Chance begriffen werden. Notwendige Um- und Erweiterungsbauten im Produktions- und Sozialbereich, die bisher nicht realisiert werden konnten, schienen nun ebenfalls möglich. Doch Baumaterial war schwer zu bekommen und musste organisiert

werden, da die Firma keinen Baubilanzanteil von den staatlichen Behörden erhielt. Schließlich war das Unglück ja nicht geplant!
Der Betrieb musste also in Eigenleistung wieder aufgebaut werden. Großen Anteil am Gelingen des Wiederaufbaus hatte der in der Nachbarschaft wohnende Bauingenieur Helmut Herold, der auch die Bauaufsicht übernahm. Die Maurer holte Gerolf Pöhle morgens in den umliegenden Dörfern ab und brachte sie abends wieder nach Hause. Und ständig schwebte über ihm das Damoklesschwert eines Gerichtsverfahrens. Zu lange blieb unklar, warum es in dieser Nacht zum Brand gekommen war.

Noch ehe die Pöhles aus Berlin zurückgekehrt waren, machten bereits Gerüchte die Runde, sie hätten sich nach Westberlin abgesetzt, die zwei Kinder und Schwiegereltern zurückgelassen und die Fabrik per Zeitbombe angezündet. Wenn dies auch nicht Gegenstand der Untersuchung war, so behielt sich die Staatsanwaltschaft doch vor, in alle Richtungen zu ermitteln. Immer wieder kamen die Beamten – manchmal spät abends –, und immer wieder die gleichen Fragen, immer wieder die gleichen Antworten und ganz nebenbei Trümmer wegräumen, Material besorgen, aufbauen, Essen bereiten, Haushalt versorgen und vieles mehr.

Ein finanzieller Tiefschlag musste auch verwunden werden. 28.800 Mark sollten aufgebracht werden! Das war der Preis für 1 Tonne Kakao, welche zwei Tage vor dem Brand angeliefert worden, aber noch nicht versichert war!

Anzeige im MAGAZIN, 1979

Einen Großteil des Geldes konnten sich Pöhles von Verwandten leihen. Angeblich soll auf Grund dieses Falles die damalige Staatliche Versicherung eine globale Versicherung für Rohstoffe eingeführt haben.
Am Gründonnerstag 1964 kam endlich die erlösende Nachricht: Es würde kein Verfahren geben. Tatsächlich hatte eine Selbstentzündung den Brand ausgelöst und etliche ungünstige Umstände hatten die Ausbreitung des Feuers befördert. Gerolf Pöhle konnte sich auch weiterhin der Produktion von Teigwaren und Eispulver und seiner Familie widmen – eine hoffnungsfrohe Botschaft zum Osterfest.

Kaltes für heiße Tage

Frucht-Joghurt-Mousse

1 Packung Komet Eis & Creme-Dessert Joghurt, 1/4 l kalte fettarme Milch (1,5 % Fett), 150 g Früchte der Saison, Schokostreusel und Minzeblättchen zum Garnieren

Joghurt-Dessert mit Milch nach Anleitung zubereiten. Früchte waschen und gegebenenfalls in kleine Stücke schneiden. Die Hälfte der Früchte pürieren. Früchte und Fruchtpüree unter das Joghurt-Dessert heben, in Schälchen füllen, garnieren und bis zum Servieren kalt stellen.

Eisbombe (für 12 Personen)

4 Pck. Komet Eis & Creme-Dessert Ihrer Wahl, 1 l kalte Milch, 3 frische Eiweiß
1 Prise Salz, 90 g Zucker
etwas geraspelte Zartbitterschokolade, Früchte und Wunderkerzen zur Dekoration

Eine Schüssel (mindestens 3 l Inhalt) mit Klarsichtfolie auslegen. Desserts mit Milch zubereiten und schichtweise in die Schüssel geben. Über Nacht einfrieren. Kurz vor dem Servieren Backofen auf Grillstufe stellen bzw. maximal vorheizen. Das leicht gesalzene Eiweiß zu steifem Schnee schlagen. Dann den Zucker unterschlagen, bis der Eischnee glänzt.

Das schnelle Eis

Eismasse auf einen hitzebeständigen, vorgekühlten Teller stürzen, Folie abziehen und die Eiweißmasse zügig mit einem Teigschaber auftragen, so dass die Oberfläche schön wellig aussieht. Die Eisbombe im Ofen leicht bräunen. (Achtung: geht sehr schnell!) Herausnehmen, mit Schokoraspeln bestreuen, mit Früchten und/ oder Wunderkerzen garniert sofort servieren.

Milch-Shake

1 Packung Komet Fruchtkaltschale
750 ml kalte Milch

Kaltschalenpulver in kalte Milch einrühren, kurz stehen lassen und dann genießen.

Der sommerlich-kühle Genuss

„Wir mussten in den sauren Apfel beißen“

Gerolf Pöhle ist am 8. November 1930 in Großpostwitz geboren, wo sein Großvater Albert Umlauf und sein Vater Georg Pöhle seit 1924 Eierteigwaren herstellten und vertrieben. Unter seinem Vater Georg Pöhle war er Laborant und kaufmännischer Angestellter, ehe er nach dessen Tod selbst die Geschäftsführung übernahm. Seine kaufmännische Lehre, der Fachschulabschluss an der Deutschen Müllerschule Dippoldiswalde und das Studium an der wirt-

schaftswissenschaftlichen Fakultät der Karl-Marx-Universität Leipzig hatten ihn hinreichend auf diese Tätigkeit vorbereitet.

Pöhles Sohn Gunter jedoch studierte Maschinenbau und arbeitete danach im Bereich Energiewirtschaft und Krananlagenentwicklung. In Teigwaren und Eispulver sah er seine Zukunft lange Zeit nicht. Schließlich war das Familienunternehmen im April 1972, wie auch die übrigen halbstaatlichen Betriebe der DDR, zwangsverstaatlicht worden.

Pöhles befanden sich gerade auf einer Urlaubsreise im Riesengebirge und erfuhren aus dem „Neuen Deutschland" davon. Gern hätten

sie wenigstens noch bis Ende April unter staatlicher Beteiligung produziert, doch zum 18. des Monats war es vorbei und sie „mussten in den sauren Apfel beißen". 110.000 Mark bekamen sie für den Betrieb. Allerdings lag das Geld unverzinst auf einem Konto, von dem jährlich nur 10.000 Mark abgehoben werden durften. Ein gutes Geschäft sieht anders aus.

Die Komet-Belegschaft sprach sich dafür aus, Gerolf Pöhle als Betriebsdirektor zu behalten, und dieser setzte fortan alles daran, Angliederungen an andere Betriebe zu verhindern. Dass eine solche Angliederung für den kleinen Betrieb nicht gut

ausgegangen wäre, war Pöhle klar. Beim Ringen um Ressourcen und Investitionen wäre Komet nach Einverleibung in einen größeren volkseigenen Betrieb benachteiligt gewesen. Pöhle selbst waren einige Beispiele bekannt. Sowohl der Bezirkswirtschaftsrat Dresden, welchem Komet unterstand, als auch später das Kombinat Nahrungsmittel und

Dieses Jubiläumslogo durfte laut Beschluss des Wirtschaftsrates Dresden nicht veröffentlicht werden.

Kaffee (NAKA) hätten den Betrieb Komet gerne an einen größeren VEB angegliedert.

Glücklicherweise passten die Großpostwitzer mit ihren Nudeln und dem Eispulver nirgendwo so richtig dazu. Bei Komet wurde nämlich mit beispielgebender Arbeitsproduktivität gearbeitet, und im Erwirtschaften von Gewinn war man im Verhältnis zur Betriebsgröße sowieso Spitze. Letzteres lag an der relativ anspruchslosen Produktion, ersteres war nur zu erreichen, weil alle in der Produktion mithalfen. So hatten es die Pöhles schon immer gehalten, warum sollte sich das ändern. Wenn Samstagmorgen um vier Uhr das Telefon klingelte und der Bahnhofsvorsteher mitteilte, dass Waggons mit Rohstoffen zum Entladen bereitstünden, setzte sich Gerolf Pöhle in sein Auto und holte die Arbeiter zusammen, um mit ihnen gemeinsam Zucker oder Milchpulver zu entladen bzw. leere Waggons mit Eispulver zu beladen. Bei eisigen Minusgraden fror sich einer der Arbeiter die Fingerspitzen ab.

Später konnten Sohn und Schwiegersohn mithelfen, denn wenn es auch offiziell nicht mehr der Betrieb der Familie war, so gelang es Gerolf Pöhle und seinen Angehörigen doch nie und nimmer, nur Dienst nach Vorschrift zu machen.

Süße Eierkuchen

Flambierte Eierkuchen

1 Packung Komet Eierkuchenmehl Fett zum Backen, Erdbeer- oder Himbeerkonfitüre, 4 Likörgläser Himbeergeist, Puderzucker zum Bestreuen

Aus dem angerührten Eierkuchenmehl im erhitzten Fett goldgelbe Eierkuchen backen. Mit Konfitüre bestreichen und zusammenrollen. In eine Pfanne legen und mit Puderzucker bestreuen. Den Himbeergeist in einem kleinen Kochtopf oder einer Kelle vorsichtig erwärmen und über die noch sehr warmen Eierkuchen gießen - flambieren.

Seit 2008 aktuelle
Eierkuchenmehl-Verpackung

Feine Eierkuchenspeise

1 Packung Komet Eierkuchenmehl
(für 4 Eierkuchen)
Fett zum Backen, Zucker
65 g süße gemahlene Mandeln
65 g Rosinen, Butter
½ l Schokoladensoße (z.B. von Rotplombe), Nüsse

Vier dünne Eierkuchen backen. Mit Zucker, gemahlenen Mandeln und Rosinen bestreuen, zusammenrollen. In eine feuerfeste Form schichten und Butterstückchen darauf verteilen. In den vorgeheizten Backofen stellen und anschließend mit Schokoladensoße und gehackten Nüssen anrichten.

Kalt oder heiß – die fixen Soßen gelingen immer.

Kiwi-Orangen-Eierkuchen

1 Packung Komet Eierkuchenmehl
(ausreichend für 4 Eierkuchen)
Fett zum Backen
4 Kiwis, 2 Orangen
Zucker, Schlagsahne, etwas Kakao
Puderzucker zum Bestreuen

Aus dem angerührten Eierkuchenmehl im erhitzten Fett goldgelbe Eierkuchen backen. Die geschälten Kiwis in Scheiben schneiden, die Orangen in Filets teilen. Eierkuchen nach Belieben zuckern, dann die Früchte auf den Eierkuchen verteilen und diese zusammenklappen. Mit Schlagsahne anrichten und mit Kakao und Puderzucker leicht überstäuben.

Eierkuchen mit Johannisbeeren

1 Packung Komet Eierkuchenmehl
(ausreichend für 4 Eierkuchen)
Fett zum Backen
schwarze Johannisbeeren
Zucker, etwas Stärkemehl
Schlagsahne

Eierkuchen nach Anleitung zubereiten. Die vorbereiteten Johannisbeeren mit Zucker nach Geschmack in wenig Wasser kurz kochen. Mit etwas in kaltem Wasser eingerührtem Stärkemehl abbinden. Johannisbeeren auf den Eierkuchen verteilen, zusammenklappen und mit Schlagsahne servieren.

„Ich kannte doch nur Plinsen"

Das Geschäft mit dem Eispulver brummte. Noch in den späten achtziger Jahren entstand am Bahnhof ein Warenlager, um Material und Fertigprodukte aufzunehmen, denn die gemietete Güterbahnhof-Halle war längst zu klein.

Dann kam die Wende. Die folgenden politischen und wirtschaftlichen Veränderungen hinterließen auch bei Komet deutliche Spuren. In den Wochen vor der sich abzeichnenden Währungsunion stieg der Absatz des Eispulvers um ein Vielfaches an. Die Eisgroßhändler in der Republik bevorrateten sich noch schnell. Zum 1. Juli 1990 war das jedoch vorbei. Gerolf Pöhle musste Mitarbeiter entlassen, und das Eispulver aus Großpostwitz wollte niemand mehr haben. Die Beutel-Produktion für das Haushalt-Eispulver sowie die Tortenguss-Produktion waren bereits

Komet-Stammbetrieb 1995

Anfang des Jahres mangels Nachfrage eingestellt worden. Sollte das nun das Ende für Komet sein? Unmöglich! Es musste doch irgendwie weitergehen. Bisher war es doch auch immer weitergegangen.

Pöhles mit Sohn Gunter und Schwiegersohn Gerd-Rainer Förster hatten während der Weihnachtsfeiertage des Wendejahres beschlossen, einen Antrag auf Reprivatisierung des Betriebes zu stellen. Nun zahlte sich aus, dass der Betrieb immer juristisch selbständig geblieben war. Weil keine Entflechtung der Bilanzen notwendig war, ging alles sehr schnell, und schon am 1. April 1990 wurde der Betrieb als erster in seiner Branche reprivatisiert.

Nun musste als erstes ein staatlicher Kredit zurückgezahlt werden und auch der Zeitwert der in der Vergangenheit getätigten Investitionen war an den Staat zurück zu geben. Und dann galt es, sich um ein neues Produktionsstandbein zu kümmern.

Mit Eispulver war vorerst kein Blumentopf mehr zu gewinnen. Oder doch? Überall im Land wehten plötzlich Langnese-Fahnen, alle Welt kaufte doch Eis! Ein Eisladen musste her! Besser noch ein „Eis-Shop", dachte sich Gerolf Pöhle. Der Aufenthaltsraum der Firma hatte eine Tür zur Straße, Tische und Stühle standen schon drin. Eine provisorische Theke war schnell gebaut.

Gerolf Pöhle nutzte die Gunst der Stunde und kaufte fünf Tage vor der Währungsunion noch vier Eisfreezer. Und dann gab es Pöhle-Eis im Straßenverkauf. Darauf hatten die Großpostwitzer vermutlich all die Jahre gewartet. Mit Thermoskübeln reihten sie sich in die Schlange der Wartenden ein. Das war nun geschafft, aber wie sollte es weitergehen? Mit dem Eis-Shop allein konnte die Existenz der Firma nicht aufrechterhalten werden.

Der Handelsvertreter Claus Kummer hatte die Idee, es mit Eierkuchenmehl zu versuchen. Die Firma in Leipzig, die das Produkt bis dahin produzierte, hatte gerade die Tore geschlossen. „Eierkuchen? Ein Ku-

Eierkuchenmehl-Verpackung des VEB Feinkost Leipzig, 80er Jahre

chen aus Eiern?" Gerolf Pöhle hatte „keene Ahnung", wovon die Rede war. Plinsen, ja Plinsen kannte und liebte er seit seiner Kindheit. Doch Pöhles besaßen weder Rezepte noch Verpackungstechnik zur Fabrikation eines solchen Mehls, und in Leipzig hatte man die Maschinen gerade verschrottet.

Das Rezept allerdings war noch da. Nachdem dieses im Labor verbessert und plinsenmäßig verfeinert wurde, war der Firmenchef überzeugt, dass man damit auf dem Markt bestehen könnte. Doch musste man dafür erstmal auf den Markt kommen. Und das sollte sich als die größere Hürde erweisen. Für die Listungen, die das Handelsunternehmen Spar bis Mitte November 1990 vornahm, sollten Originalverpackungen vorliegen. Nicht nur Verpackungsfolie, wie sie Sohn Gunter und Schwiegersohn Gerd-Rainer von italienischen Partnern über die Grenze schmuggelten, sondern als fertig gefüllte Verkaufsverpackung. Es gelang kurzfristig, eine gebrauchte Abpackmaschine zu kaufen, und glücklicherweise gab es im Januar noch eine Nachlistung. Bald schon konnten die Verbraucher „Komet Eierkuchenmehl" erwerben. Die sächsischen Verbraucher-Märkte wurden von dem neu gegründeten Pirnaer Großhandel Pineka versorgt. Nach der Verkostung auf einer Verbrauchermesse in Dresden hieß es begeistert: „Das schmeckt ja genauso gut, wie Sie das früher gemacht haben!"

Apropos, nach dem Gelatine-Tortenguss, den Komet ja in Wirklichkeit früher hergestellt hatte, und dessen Produktion nach der Wende mangels Bedarf eingestellt worden war, rannten die Kunden Komet schon kurz nach der Währungsunion „die Bude ein". Die Produkte der westlichen Fabrikate waren getestet worden, und nun wusste man wieder, was man wollte: Nämlich Komet-Tortenguss auf Gelatinebasis. Also musste die Produktion wieder angefahren werden.

Herzhafte Eierkuchen

Gemüse-Eierkuchen

1 Packung Komet Eierkuchenmehl (ausreichend für 4 Eierkuchen) Fett zum Backen, 1 Zwiebel, 2 EL Öl 4 Tomaten, 3 Paprika, Salz, Pfeffer, Paprika, gehackte Petersilie

Aus dem Eierkuchenmehl dünne Eierkuchen backen. Zwiebelringe im erhitzten Öl dünsten. Tomatenscheiben und Paprikastreifen hinzufügen. Garen, dabei mit Salz, Pfeffer und Paprika würzen, Petersilie unterrühren. Füllung auf den Eierkuchen verteilen, zusammenrollen und beliebig garnieren.

Gemüse-Eierkuchen mit Feta

250 g Feta-Käse
250 g Champignons
250 g Cherry-Tomaten
1 kleine Zwiebel
1 kleine Knoblauchzehe
etwas Öl, Salz und Pfeffer
2 Packungen Komet Dinkel-eierkuchenmehl (ausreichend für 8 Eierkuchen), Fett zum Backen
Petersilie zum Garnieren

Feta-Käse würfeln, die Tomaten in Scheiben schneiden. Champignons putzen und ebenfalls in Scheiben schneiden. Zwiebel und Knoblauchzehe abziehen, fein würfeln und in einer Pfanne mit etwas Öl andünsten.

Erst Champignons, dann Tomaten und zuletzt den Feta-Käse zugeben, mit Salz und Pfeffer abschmecken. In einer zweiten Pfanne die Dinkel-Eierkuchen nach Anleitung backen, mit der Gemüse-Feta-Mischung füllen und zuklappen. Mit Petersilie garniert warm servieren.

Eierkuchen mit Champignons

1 Packung Komet Eierkuchenmehl
(ausreichend für 4 Eierkuchen)
Fett zum Backen
20 g Margarine
1 Zwiebel
200 g Champignons
Salz, Pfeffer
4 EL Sahne
1 EL Weißwein
gehackte Petersilie
Butter

Eierkuchen backen. In einer Pfanne Margarine erhitzen und die Zwiebelwürfel andünsten, in kleine Streifen geschnittene Champignons dazugeben und alles gar dünsten. Salz, Pfeffer, Sahne und Wein zugeben und etwas einkochen lassen. Petersilie untermischen und die Füllung auf den Eierkuchen verteilen. Diese zusammengerollt in eine feuerfeste Form geben, mit Butterflöckchen bestreuen und im Backofen nochmals erhitzen.

Türkische Eierkuchenpastete

2 Päckchen Komet Eierkuchenmehl
(ausreichend für 8 Eierkuchen)
Fett zum Backen
300 g Zwiebeln
500 g Hackfleisch
2 Paprika
Salz, Pfeffer
250 g Joghurt
1 EL Öl
½ TL Koriander
4 Knoblauchzehen

Im erhitzten Fett dünne Eierkuchen backen. Gewürfelte Zwiebeln, Gehacktes, Paprikastreifen, Salz und Pfeffer vermischen und auf den Eierkuchen verteilen. Diese zusammenrollen und aufrecht in eine feuerfeste Form stellen und mit einem großen Eierkuchen abdecken. In der Röhre überbacken. Den Joghurt mit Salz, Öl, gemahlenem Koriander und gehacktem Knoblauch vermischen und zur Pastete servieren.

Kopfsprung ins kalte Wasser

Inzwischen hatte Sohn Gunter seine Arbeitsstelle aufgegeben und wurde bei Komet in den Marketing-Bereich eingeführt. Nicht nur eine kurze Volontär-Zeit und Lehrgänge, sondern vor allem die Praxis haben ihn geschult.

Er hatte selbst miterlebt, wie die Unternehmer 1990 ins kalte Wasser der Marktwirtschaft geworfen wurden und schwimmen lernen mussten. Im gleichen Jahr gründete sich die Einzelfirma Komet Gerolf Pöhle, die bereits zwei Jahre später in eine Familien-GmbH mit Gerolf Pöhle als

Die erste Eierkuchenmehl-Verpackung
1990 von Komet

Geschäftsführer umgewandelt wurde. Auch Gunter Pöhles Frau Angela stieg nun mit in den Betrieb ein. Sie leitet die Produktion und Logistik und ist der „ruhende Pol“, wenn es hektisch zugeht.
Gemeinsam mit dem Schwiegersohn Gerd-Rainer Förster, welcher sich vom Betriebsschlosser zum Technischen Leiter hochgearbeitet hat, setzten alle gemeinsam 1996 den Vorschlag von Gerolf und Regina Pöhle, einen neuen Betrieb im Großpostwitzer Gewerbegebiet Ebendörfel zu bauen, in die Tat um.
Mit moderner Technik ausgerüstet, war das Unternehmen nun der permanent steigenden Produktion gewachsen. 2001 übertrug Gerolf

Pöhle die Geschäftsführer-Tätigkeit seinem Sohn Gunter Pöhle. Als zweiter Geschäftsführer fungiert seitdem Gerd-Rainer Förster.

Bereits einige Jahre später platzte der Betrieb erneut aus allen Nähten. Eine leer stehende Halle wurde angemietet, während im alten „Stammbetrieb" die Produktion ebenfalls weiterlief. Deshalb entschlossen sich Pöhles im Jahr 2008 wiederum, eine Produktions- und Lagerhalle mit erweitertem Sozialtrakt an den neuen Betrieb anzubauen. Ende 2009 ist sie bezugsfertig – pünktlich im 85. Jahr der Firma.

Süßes für große und kleine Leckermäulchen

Leichter Grieß-Pudding

2 Packungen Komet Pudding
(Sorte nach eigener Wahl)
1 l Milch, 4 EL Grieß
4 Eier, 4–6 EL Zucker

Pudding nach Anleitung zubereiten, dabei den Grieß gemeinsam mit dem Puddingpulver kalt anrühren. Die Eier trennen, Eiweiß schaumig schlagen. Heißen Pudding in eine kalt ausgespülte Schüssel geben, Eischnee unterheben und abkühlen lassen.

Komet-Puddings schmecken auch solo als Dessert oder Kuchenbelag.

Quark-Grieß-Auflauf

1 Packung Komet Grießbrei
½ l Milch, 1 Dose Aprikosen
(Abtropfgewicht 480 g)
1 Ei, 50 g Zucker
150 g Magerquark
1 Packung Löffelbiskuits
Schokostreusel und Melissen-
blättchen zum Garnieren

Grießbrei nach Anleitung zubereiten. Ein Drittel der abgetropften Aprikosen pürieren, den Rest in kleine Stücke schneiden und unter das Püree geben. Ei trennen, Eiweiß steif schlagen dabei den Zucker nach und nach dazugeben. Quark und Eigelb verrühren und unter den Grießbrei rühren, Eischnee unterheben.

Eine gefettete Auflaufform mit Löffelbiskuits auslegen. Die halbe Quark-Grieß-Mischung darauf verteilen, die Aprikosenmasse darüber streichen und mit der restlichen Grießmischung bedecken. Im vorgeheizten Backofen (200 °C, Gas Stufe 3, Umluft 175 °C) ca. 30 Minuten backen. 10 Minuten auskühlen lassen, mit Schokostreuseln und Melisseblättchen garnieren.

Kirsch-Aprikosen-Schmarrn

2 Packungen Komet Kaiserschmarrn
1 großes Glas Sauerkirschen
100 g getrocknete Aprikosen
30 g Mandelstifte
etwas Öl und Puderzucker

Beutelinhalt anrühren. Die Kirschen abtropfen lassen, Aprikosen klein schneiden. Öl in einer Pfanne erhitzen. 1/4 des Teiges in die Pfanne geben, Teig glatt streichen, 1/4 der Aprikosen, Kirschen und Mandelstifte darauf verteilen. Ist die Oberfläche fest - wenden. Dann mit zwei Gabeln in Stücke reißen und kurz weiterbacken. Restliche Schmarrn ebenso backen, mit Puderzucker bestäuben und warm servieren.

Kokos-Reis mit Banane und Tropical-Soße

1 l Milch, 200 g Kokosraspel
2 Packungen Komet Milchreis
1 Packung Komet Fruchtkaltschale Pfirsich Maracuja
2 reife Bananen

Milch mit den Kokosraspeln zum Kochen bringen, vom Herd nehmen, den Milchreis einrühren. Ca. 10 Minuten quellen lassen, dann den Reis in kalt ausgespülte Förmchen geben und abkühlen lassen. Fruchtkaltschale in 300 ml Wasser einrühren und kurz quellen lassen. Gestürzten Milchreis mit Bananenscheiben und Fruchtsoße servieren.

Crêpes mit Vanilleeis und Schokosoße

2 Packungen Komet Crêpes
1 Packung Vanilleeis
1 Packung Zartbitterkuvertüre
1 kleiner Foliebeutel
Minze zum Garnieren

Etwas Kuvertüre in den Foliebeutel geben und im Wasserbad schmelzen. Crêpes nach Anleitung zubereiten und warm halten. Jeweils zwei Crêpes auf einen Teller geben, mit Vanilleeis füllen und zusammenschlagen. Dazu eine Kugel Eis portionieren. Mit der vorbereiteten Kuvertüre (Foliebeutel an einer Ecke aufschneiden) dekorieren.

Quarkbällchen mit Pflaumenkompott

1 Glas Pflaumen
1 Packung Komet Sahnepudding
2 Packungen Komet Quarkspitzen
2 Eier
Puderzucker zum Bestäuben

Die Pflaumen abtropfen lassen, Saft auffangen und in einem Topf zum Kochen bringen. Das Puddingpulver in etwas Wasser anrühren, in den Pflaumensaft geben und noch mal kurz aufkochen lassen. Topf vom Herd nehmen, Pflaumen dazugeben, umrühren und kurz ziehen lassen. Inzwischen Quarkspitzen nach Anleitung zubereiten, mit etwas Puderzucker bestäuben und mit dem noch warmen Pflaumenkompott auftragen.

Pflaumenknödel

3 Packungen Komet Quarkkeulchen
15 entsteinte Pflaumen
15 Stück Würfelzucker
etwas Butter
Zucker und Zimt

Quarkkeulchenteig nach Packungsanleitung zubereiten und aus dem Teig Knödel formen. In die entkernten Pflaumen je einen Würfelzucker legen und damit die Knödel füllen. In Salzwasser bei schwacher Hitze 5 Minuten kochen und weitere 10 Minuten ziehen lassen. Die fertigen Pflaumenknödel mit zerlassener Butter und Zimtzucker anrichten.

Ein OSKAR geht nach Großpostwitz!

Die Marktführerschaft beim Eierkuchenmehl hat Komet bereits errungen. Rote Grütze mit Grieß war der zweite Renner und auch das Eispulver für die Eisherstellung im Haushalt erfuhr eine Renaissance. Heute stehen hochwertigere Emulgatoren und Stabilisatoren sowie andere Rohstoffe als seinerzeit im Sozialismus zur Verfügung. Das Eis ist nun in seiner Konsistenz geschmeidiger. Bereits vor der Frostung kann man es als Creme-Dessert genießen, und so hat es wieder zwei Gebrauchseigenschaften, – dieses „Eis- & Creme-

Dessert-Pulver." Beliebt bei den Verbrauchern sind auch Waffelmehl, die Backmischung Oberlausitzer Quarkkeulchen, Milchreis und Grießbrei oder die Frucht-Kaltschale für den schnellen Genuss. Ob Singles, Kinder oder Familien, wenn es schnell gehen und trotzdem schmecken soll, ist und bleibt Komet die erste Wahl. Nur Komet? Seit 2005 produziert und vertreibt das Unternehmen auch Dessert-Speisen und Tortenguss unter der Marke „Rotplombe", die es erworben hat. Die Produkte werden zum Teil nach Originalrezepturen hergestellt und die Verbraucher sind begeistert. Die seinerzeit beliebte Kult-Marke vom Konsum-Nährmittelwerke Erfurt erlebt ebenso wie

(von links: Gunter, Regina, Gerolf und Angela Pöhle)

„Oskar-Verleihung" mit den Ehepaaren Gunter und Angela Pöhle, Gerolf und Regina Pöhle

das ehemals in der DDR beliebte Sofix-Creme-Pulver eine Wiederauferstehung. Was kreative Köpfe ersinnen und geschickte Hände im Labor mischen und testen, erhält oft den letzten Schliff, nämlich einen einprägsamen Namen, durch die Mitarbeiter. So geschehen bei der beliebten Rotplombe-Götterspeise „Alfons' Zitterpudding"!

Der „Oskar für den Mittelstand" (jetzt „Großer Preis des Mittelstandes"), welcher jährlich für hervorragende Leistungen mittelständischer Unternehmen vergeben wird, steht seit dem Jahr 2000 im Büro von Gerolf Pöhle. Viele der anderen Qualitätsauszeichnungen und Urkunden sind im gesamten Verwaltungstrakt der Firma zu sehen. Wenn Gerolf Pöhle auch die Geschäftsführung an seinen Sohn Gunter übergeben hat, so ist er heute noch täglich in der Firma anzutreffen. Seine Frau Regina übrigens ebenso. Denn Komet heißt eben noch immer: Arbeiten, Schaffen, Neues wagen und sich selbst nicht schonen.

„Plombinchen" wirbt für die süßen Leckereien.

Papageien-Muffins

130 g Zucker
130 g Margarine
3 Eier
250 g saure Sahne
1 Prise Salz
1 Päckchen Backpulver
200 g Mehl
je 1 Packung Rotplombe Sofix Vanillesoße, Rotplombe FRUKO Himbeergeschmack und Rotplombe Alfons' Zitterpudding Waldmeistergeschmack
2 EL Kakaogetränkepulver

Backofen auf 180 °C vorheizen. Zucker, Margarine, Eier, saure Sahne, eine Prise Salz und das mit Backpulver gesiebte Mehl zu einem Teig verarbeiten. Teig vierteln. Jeweils einen Teil mit dem Vanillesoßenpulver, dem FRUKO-Pulver, dem Zitterpuddingpulver und dem Kakaopulver vermischen. Die farbigen Teigmassen abwechselnd in die vorbereiteten Muffinförmchen geben und auf der mittleren Schiene etwa 20 Minuten backen.

Süße Käfer

1 Packung Komet Amerikaner
(beide Tüten zubereiten)
½ Packung Zartbitter Kuvertüre
4-6 TL Wasser oder Zitronensaft
rote Lebensmittelfarbe

Amerikaner nach Anleitung backen. Beide Päckchen Puderzucker mit dem Wasser oder Zitronensaft verrühren und etwas Glasur für die Augen der „süßen Käfer" beiseite stellen. Die restliche Glasur mit der Lebensmittelfarbe rot einfärben.

Amerikaner auf der gewölbten Seite mit der roten Glasur bestreichen und trocknen lassen. Mit der geschmolzenen Kuvertüre und der restlichen weißen Glasur die Käfer verzieren.

Grießschnitten

1 Packung Komet Grießbrei
300 ml Milch
150 g (Frucht-) Quark
450 g Blätterteig
etwas zerlassene Butter

für die Glasur:
die abgeriebene Schale von
2 Zitronen und 2 EL Zitronensaft
200 ml Wasser
1 Prise Zimt
etwas Puderzucker

Grießbrei mit nur 300 ml Milch zubereiten. Abkühlen lassen und den Quark unterheben. Eine viereckige Form einfetten, im Wechsel eine Schicht Blätterteig hineingeben und mit der Grieß-Quark-Masse bestreichen. So fortfahren. Die letzte Schicht Blätterteig etwas einschneiden und mit der zerlassenen Butter bepinseln. 45 Minuten bei mittlerer Hitze backen. Die Glasur über das noch warme Dessert geben.

Weihnachtliche Zimtwaffeln

1 Packung Komet Waffeln
1 Ei, 60 g Margarine, 4 EL Milch
½ TL Zimt

Waffelteig nach Anleitung zubereiten und Zimt unterrühren. Waffeln wie beschrieben backen. Am besten mit Sahne und/ oder Vanilleeis genießen.

Schoko-Bananen-Waffeln

2 Packungen Komet Waffeln
120 g Margarine
2 Eier
80 ml Milch oder Wasser
2 EL Kakaopulver
1 reife Banane
2 EL Zitronensaft
Puderzucker zum Bestäuben

Waffeleisen vorheizen, ggf. fetten. Waffelteig nach Anleitung zubereiten und gesiebtes Kakaopulver zugeben. Banane schälen, mit einer Gabel fein zerdrücken und mit Zitronensaft vermischen. Bananenmus unter den Teig rühren, Waffeln backen, mit Puderzucker bestreuen und warm servieren.

Marmor-Waffeln

1 Packung Komet Waffeln
60 g Margarine, 1 Ei, 6 EL Milch,
1 EL Kakao, etwas Puderzucker

Den nach Anleitung zubereiteten Waffelteig halbieren. Unter die eine Hälfte 2 EL Milch und den Kakao rühren. Waffeleisen vorheizen und ggf. einfetten. Je etwas hellen und etwas dunklen Waffelteig in kleinen Portionen auf der Backfläche des Waffeleisens verteilen und wie beschrieben backen. Mit Puderzucker bestäuben und servieren.

Schüttelkuchen mit Mandarinen

1 Tortenboden Biskuit
3 kleine Dosen Mandarinen
2 Packungen Rotplombe Sofix Cremespeise Vanille, 200 ml Schlagsahne, 2 Päckchen Sahnesteif
1 Päckchen Vanillezucker
1 Fläschchen Butter-Vanille-Aroma

Tortenring um den Tortenboden anbringen. Zwei Dosen Mandarinen mit Saft in eine verschließbare Schüssel geben. Die dritte Dose Mandarinen abtropfen lassen, einige Stückchen für die Dekoration beiseite stellen. Dann mit allen anderen Zutaten in die Schüssel geben, verschließen und kräftig durchschütteln. Die Masse anschließend mit einem großen Löffel gut verrühren und gleichmäßig auf den Tortenboden streichen. Mit den Mandarinenstückchen garnieren und vor dem Servieren mindestens 3 Stunden kalt stellen.

Fruchtige Quarktorte

1 Packung Löffelbiskuits oder
1 Tortenboden, je 1 kleine Dose
Pfirsiche und Aprikosen
je 500 g Quark und Naturjoghurt
200 g Zucker, 1 Prise Salz
2 Päckchen Alfons' Zitterpudding
Pfirsich/ Aprikosengeschmack

Tortenring um einen Tortenboden anbringen oder Löffelbiskuits zerbröseln und auf dem Boden einer

Springform verteilen. Pfirsiche und Aprikosen abtropfen lassen, einige Stückchen für die Dekoration beiseite legen und den Rest in kleine Stücke schneiden. Quark, Joghurt, Zucker und eine Prise Salz zu einer cremigen Masse verrühren. 50 ml Wasser erhitzen, dabei das Zitterpuddingpulver zugeben und so lange rühren, bis keine Klümpchen mehr zu sehen sind. Nicht kochen! Das angerührte Götterspeisenpulver zügig unter die Quarkmasse mixen, Pfirsich- und Aprikosenstückchen darunter heben und die Masse in die Springform bzw. auf den Tortenboden geben. Mit Fruchtstücken garnieren und vor dem Servieren mindestens 5 Stunden kalt stellen.

Rezeptverzeichnis

Aus dem lieferbaren Mini-Angebot

Kochbüchlein

Alles vom Ei • Apfelbüchlein
Beerenbüchlein • Berlin & Mark Brandenburg kulinarisch • Bierbüchlein • Braten-Rezepte
Champignon & Co. • Drinks • Essen von der Wiese • Gemüseraritäten • Grillbüchlein
Heißer Bischof – kalter Hund
Holunderrezepte • Honig – gesunder Genuss
Jüdische Feste, Geschichte(n) & Gerichte
Kaffeebüchlein • Käsebüchlein
Kleines Kartoffelbuch • Kochbüchlein Schweiz
Kürbis-Büchlein • Marmelade & Gelee
Mecklenburg-Vorpommern kulinarisch
Multitalent Zwiebel • Neues Nudelbüchlein
Obstexoten • Pfefferkuchenbäckerei
Pommern kulinarisch • Sachsen kulinarisch
Sachsen-Anhalt kulinarisch • Sanddorn-Rezepte
Saucen-Rezepte • Schlesisches Kochbüchlein
Schokoladenbüchlein • Senfbüchlein
Sektbüchlein • Spargel-Rezepte
Süße Verführung: Komet-Geschichte(n)
Thüringen kulinarisch • Whiskybüchlein
Wild-Rezepte

Naturbüchlein

Aronia • Heilkräuterbüchlein
Mythos Ginkgo (auch in engl.)
Kamelienbüchlein • Katzenbüchlein
Kleine Naturapotheke • Kleine Pilzkunde
Küchenkräuter • Meerschweinchen-Büchlein
Pferdebüchlein • Wildobst

Literarisches

Das kleine Bach-Büchlein (auch in engl.)
Wilhelm Busch • Engel unterwegs
Faust-Zitate • Frauen-Weisheit • Fürst Pückler
Geliebte Sisi (auch in engl.) • Glanz des Schönen
Goethe-Zitate • Heine-Zitate
Ich hab dich so lieb • Das kleine Kamasutra
Kinder sind die besten Philosophen
Lotter-Wirtschaft • Martin Luther
Rosa Luxemburg • Märchenkönig Ludwig II.
(auch in engl.) • Karl May • Claude Monet
Wolfgang Amadeus Mozart (auch in engl.)
Nietzsche-Zitate • Philosophinnen-Sprüche
Rainer Maria Rilke • Joachim Ringelnatz
Schiller-Zitate • Clara & Robert Schumann
Shakespeare-Zitate • Theodor Storm
Der Vogelkopp • Lene Voigt. Weibergespräche
Weisheiten der Welt • Heinrich Zille

Stadt und Land

Auf der Saale-Unstrut-Weinstraße
Auf der Sächsischen Burgen- und Schlösserstraße
Auf der Sächsischen Weinstraße
Berlin für die Westentasche
Burgen und Schlösser im Erzgebirge
Dresden für die Westentasche (auch in engl.)
Erfurt für die Westentasche
Halle für die Westentasche
Leipzig für die Westentasche (auch in engl.)
Magdeburg für die Westentasche
Markkleeberg für die Westentasche
München für die Westentasche
Parks & Gärten in Sachsen-Anhalt
Potsdam für die Westentasche
Weimar für die Westentasche

Der besondere Band

Damen gewinnen! • Erzgebirgisches Weihnachtsbüchlein • Fußball-ABC
Gut beraten, froh gestimmt. • Haushaltstipps
Heilende Steine • Sandmännchen-Büchlein
Wetter- & Bauernregelbüchlein

BuchVerlag für die Frau
Gerichtsweg 28 • 04103 Leipzig